Zeitenkanon

Gedichte

CHRISTA ZEUCH

Edition Gegenwind

Christa Zeuch, in Windeby-Kochendorf bei Eckernförde zu Hause, ist Sammlerin. Nachdem sie sich 2016 aus dem öffentlichen Berufsleben als lesereisende Kinder- und Jungendbuchautorin verabschiedet hat, sammelt sie Gedankenschnipsel, Momentaufnahmen, Gereimtes und Ungereimtes aus ihrem Lesungs- und Lebensalltag. Nach 35jähriger aktiver Tätigkeit in Sachen Literatur genießt sie es nun, die bunten Erfahrungen vergangener Begebenheiten und Begegnungen Revue passieren zu lassen und in Ruhe Neues hinzuzufügen. Es sind oft profane Augenblicke, die sie faszinieren, bereichern und beschäftigen. Und es sind die globalen Wirrnisse, die immer und überall in unseren Lebensbereich hineinströmen.

Für all dass gibt es das große Universum der Worte.

Zeitenkanon

Gedichte

CHRISTA ZEUCH

Bibliographische Information der Deutschen Bibliothek:
Die Deutsche Bibliothek verzeichnet diese Publikation
in der Deutschen Nationalbibliographie; detaillierte Daten sind
im Internet unter http://dnb.ddb.de abrufbar.

Edition Gegenwind

Cover- und Gesamtlayout: Fabian Zeuch
Herstellung und Verlag:
BoD - Books on Demand, Norderstedt

ISBN 978-3-7526-7232-9

Kurzinhalt

Silben Worte Sätze
zum Herzerwärmen
oder Schmähstücke aus
der Schmierenkomödie
des Augenblicks

1. Tagesprismen

Morgen

Der Morgen reibt
sich den Schlaf
aus den Wolken
seine Wangen
tragen erstes Rouge

Dem Botschafter
eines wohlmeinenden Tags
öffne ich das Fenster

Buchstabiere eure Namen
Schützlinge nordwestostsüd
und meine Liebe
trägt mich in
euer Erwachen

Kaffee

Schwarzes Elixier
erfunden für
Junkies wie mich
sollte seiner Aufgabe
gerecht werden:
Wachsein wach sein
zu lassen

Trügerisches Gift!

Schlürfe ich die Droge
lässt sie mich
träge abdriften
und ein Loch in den
Tag scharren

Hinter den Feldern

Steiler Rauch ensteigt
den Silhouetten
entfernter Giebel
schert sich einen
dreckigen Ruß um
meine Derzeitigkeit

Hinter den Feldern
spürt mein Kopfdetektor
nach Fundstücken
abgelaufener Zeiten
die es nie in meine
Realität schafften

Ortet überraschend
vertrauten Duft
nach Zuhausesein
der mich umkehren
lässt in meinen
herbstwelken Garten

Nichts fällt mir ein

Wieder einer dieser
dumpf wattierten
Tage die meinen
Augen den Ausdruck
von Blödigkeit aufmalen
und mich ganz legal
vollkommener
Nutzlosigkeit
überlassen

Zwölfuhrglocke

Hinter der
Zwölfuhrglocke
lauert mein Suppentopf
Grüazi!
Das Routinierte und
das Notwendige
reichen sich die Hand

Mit kleinen Rülpsern
dankt der Schluckauf
meiner Espressotasse

Gähnend lümmelt
auf der Sofainsel
der Mittag

Soloauftritt

Beleidigt versteckte
sich die Sonne
als sich Wolkenpakete
dickbauchig vordrängelten
Erst spätabends
nachdem Himmelsfeger
die Kulisse freiräumten
fand er statt der
Soloauftritt der
Dame im feurigen
Gewand mit den
tausend glühenden
Rosen im Haar

Trübe Tage

Manche Tage sind,
als wär's von früh bis abends
Abend,
die man dumpf verspinnt,
nach neustem Stand des Habens
grabend.

Was du heute nicht
mangels heller Stimmung magst
besorgen,
alles das verspricht,
ehe du komplett verzagst,
das Morgen.

Pechtag

Konspirative
Scherbendrescher
Messerritzer
Nadelstecher
Mobbingdämonen
küngelten für meine
persönliche Demontage
boshafte Tyranneien aus

Diese kackfrechen Teufel
und Wiederholungstäter
schlagen zu an ein
und demselben Tag!

Aufbrezeln

Zuklappen Tageskladde
der Pflichten
ausgespuckten Anmaßungen
verschluckten Unworte
Strapazen Absurditäten
selbst geklöppelten
Lorbeerkränze

Nach Sonnenuntergang
gebe ich ihnen frei
sich aufzubrezeln
als vorzeigbare
Legende

Müde

Tagwerk feuerte an
zu Kraftolympiade
Beine signalisieren
dem Rumpf:
Akkukapazität
überschritten
nächste Aufladestation
B e t t e n h a u s e n

Tagesabschluss

Zu Bett! Zu Bett!
Unschuld waschen
Verfehlungen schrubben
Sorgen bürsten ihr
Alltagstrott tanzenden
Nervensägen der
Zufälligkeiten
die ihr den Tag
herausgeputzt habt
mit euren Schnörkeln
Farbklecksen
Trompetensignalen

Schlaft gut und
macht euch aber
verdammt husch husch
vom Acker

Traumbilder

Unheildrohende
Scheusale
zischeln dich an
umschlingen dein
Ganzes
verstopfen Poren
knebeln Sprache
fesseln Extremitäten

Du wehrlos
in irrem Gewirr stehst
festgewachsen mit
paralysierten
Lungenflügeln

bis der Minutenzähler
die Horrorshow sprengt
durch rettendes Schrillen
um Siebenuhrfünfzehn

Nacht

Still atmend
liegt die Nacht
auf deiner Stadt
Breit macht sie sich
in ihrem Sternengewand
auf Dachschrägen
Wiesenweiten
Asphaltschrunnen

Auch auf deinem
Schlafgesicht ruht
sie sich aus
und blinzelt in deine
verbotenen Träume

2. Mancher hat nichts für den Schnabel

Gerüch(t)eküchen

Orte für Worte
voll Kaffeeduft
Wie viel Schicksal wurde
dort schon gebraut
und in Portionen
auf die Jahre verteilt

Mein Kücheninventar
habe ich seiner
Heimat beraubt
Pinseln und Farben
Hoheit erlaubt

(Ein Spaßvogel wer
behauptet alles habe
zuvor auf neun
Quadratmeter gepasst)

Armer Schlucker

Eigner Herd ist
Goldes wert,
arm, wer Herdes
Gold entbehrt.

Mancher hat nichts
für den Schnabel,
also braucht er
keine Gabel.

Nennst du einen
Herd dein eigen,
solltest du dich
gütig zeigen:

Für so manchen
armen Schlucker
ist das Leben
nicht aus Zucker.

Schenk ihm nicht nur
Gabel, Messer,
teil dein Gold, das
schmeckt ihm besser.

Erfindungen

Ich koche gern Erfindungen
forste im Dschungel
meines Kühlschranks
nach aus den Augen
verlorenen Sellerieachteln
Lauchstrünken sich
ineinander kuschelnden
Feldrukolablattresten

Küre sie zu aktuellen
Stars meiner Pfannen
und Schüsseln
kröne mich selbst mit
Rosmarin und Estragon
denn dazu hat
sonst niemand
die Approbation

Essensstunde

Vielstimmig dampft
die Essensstunde
zum orchestralen
Heavy-Metal-Sound der
Messergabelnlöffel

Sattes Seufzen
erfüllt den Raum

Dass wir es immer
und immer wieder
mit vollen Tellern
zu tun haben

dürfen

Bester Koch

Hunger sei der beste Koch.
Meistens dankt das Tischgebet
Jesus für die Gaben.
Manchmal denk ich aber doch,
Dank, den möcht ich auch gern haben,
ich, die in der Küche steht.

Selten ist Herr Jesus Gast.
Hunger klappert nicht mit Töpfen.
Köchin bin ich selber!
Ach, ihr habt, ich glaube fast,
diesen Fakt nicht in den Köpfen,
meine lieben Kälber ...

Sohnportion

Ich koche manchmal aus Versehen
(die Mütter werden mich verstehen)
für meinen weggezognen Sohn
noch immer eine Sohnportion.

So bleibt ein Rest Erinnerung ...
Mit Seufzern und verhaltnem Schwung
nasch ich das Überbleibsel weg
und mehre meinen Eigenspeck.

Türhüter

Meine Schränke geben frei
was in Dunkelkammern
winterlich kerkerte
Pech jenen, die dort
Opfer wurden von
Ungezieferfraß und
stinkendem Motten-Ex

Nun aber erwecke ich sie
zu blühender Auferstehung:
zuverlässige Türhüter
vor Frostbeulen
Schwindsucht
Kälteschock

DIE SELBSTGESTRICKTEN

Knopf und Kragen

Sie wollten sich stets gut vertragen
in guten wie in schlechten Tagen,
der Knopf, das Loch, und Freude
schöpfen,
wenn sie sich kragenwärts verknöpfen.

Doch endete die Zeit des Glücks:
Den Träger ihres Kleidungsstücks
verzierte vorne unterm Kopf
am Kragen jäh ein dicker Kropf.

Sie wurden plötzlich vehement
durch dieses Hindernis getrennt.
Fatal für Loch und Knopf und Kragen,
das kostete sie Kopf und Klagen.

Das Hemd kam in den Lumpensack,
so wurden sie zu Lumpenpack.
Noch einmal knöpften sie verzwittert
den Kragen zu. Der schwieg zerknittert.

Heimlich

Dieses Glas für Kinderlippen
blaublumig getupft im
Kellerregal links hinterm
Biogemüsespankorb
wäre ohne den Kick
des Verbotenen
nichts als ein zierliches
Glas für Kinderlippen

Heimliche Füllung
mit Prozenten
obwohl mein Mund
längst erwachsen
trinken darf

Wer hat denn

Wer hat denn
Zeitung Seite 3 gekapert
Lesebrille unsichtbar gehext
Milch kühlschrankfern
buttern lassen
zweiten Socken gefressen
Licht brennen
Haustürschlüssel
einbrecherfreundlich
stecken lassen

Ja wer denn?

IMMER ist es
das bucklicht Männlein
das seine boshaft
schabernackten Störfälle
ausheckt

Aber verdächtigt
werde ICH!

Wunsch

Schenkt mir eine massiv
gezimmerte Auszeittruhe
(keine zum Zusammenfluchen
von Selbst-ist-der-Mensch-Ikea)
in der ich alles
Funktionierenmüssen in
Heim Herz Hirn Hausaufgaben
Habenichtsweiteralszweiarme
unterbringen
verschließen
vergessen kann

damit ihr meine
abwesende Zuständigkeit
als meine sonst unermüdlich
bereite Anwesenheit
wahrnehmt

Monitor

Unverzichtbar dieses
Zauberschaufenster
spiegelt die globale Welt
mit ihren zeitnah
packenden Untergängen
und unerwarteten
Auferstehungen

Nettes Ding
das mir gibt was meine
Illusionen vorzeichnen
(sofern mein Finger
den exakten Klick
klickt)

Glasnarbe

Das Glas mit dem Sprung -
Erinnerung an Gartenflair
Blutorangensonnenneige
und jenen Gast der
verrückt vor Freude an
verloren Geglaubtes
anknüpfen zu dürfen
Worte in die Luft malte
gestikulierend mein
schönstes Weinglas
vernarbte

3. Ich spucke in den Wind

Aus dem Rahmen

Die Unbedingtheit
unserer Existenz
fällt aus dem Rahmen
des allgemeinen
Selbstverständnisses
begibt sich auf
unvorhersehbare
Pilgerpfade

Wir erhaschen nur
vorüber segelnde
Strohhalme
vertrauen
damit aber dem
Placebo Sicherheit

Ich spucke in den Wind

Dich nehme ich
bedingungslos an
ebenso die Welt wie
ich sie unerfahren
erfahren habe

Auch mich selber
heiße ich jederzeit
willkommen trotz
aller Irrtümer und
tausend offener Fragen
mit geringer Chance auf
mir höchstpersönlich
zugedachte Beantwortung

Ich spucke in den Wind
wage einfach drauflos
zu leben

Verlaufen

Manchmal liegt
eine Antwort in
Leuchtbuchstaben
vor mir auf dem Tisch
und blinkt:
Nimm mich!
Übersieh mich nicht vor
wirrem Verlaufen in
deinem Kopflabyrinth
Längst sitze ich ja
deiner Frage
auf dem Schoß!

Bin ich mir Freund

Kenne mich
seit Jahren
kenne mich kaum
Bin ich mir Freund?
Oft
Bin ich mir Feind?
Nie
Verzeihe mir eine
gewisse Fehlerquote
rede meinem Übermut
ins Gewissen
belohne mich gern
mit Wortgeschenken
wie diesen

Zum Ziel

Du schickst deine
Zuversicht auf Reisen
voran voran!
Hechelst ihr hündisch
hinterher bis dir
die Zunge aus
dem Hals hängt

Blick zurück!
Bewundere die
tausend Glieder deiner
fest geschmiedeten
Spurenkette

Stolpersteine

Sammelst du
sämtliche Steine die
dir das Schicksal
in den Weg legte
und pflasterst sie
Brocken für Brocken
hintereinander
erblickst du jene
abgeschrittene Straße
die deinem Werde-Gang
Trittfestigkeit garantierte

Ich, Dichterin

Was ist das denn bloß
für ein Gehüpfe der
Vokale über die
Konsonanten auf
der Leinwand des
betttuchreinen Bildschirms

mein Glotzen nach dem
was herauskommt
haha Lustiges
uh traurig Tragisches
fundiert in die Geschichte
der Menschheit Eingehendes

Silben Worte Sätze
zum Herzerwärmen
oder Schmähstücke aus
der Schmierenkomödie
des Augenblicks

Buchstabenkosmos

Miniaturwelten erschaffen
aus phonetischen Partikeln
Zungenkunstwerke
Linien schwungvoll
Schwarz auf Weiß

Astronomisch die Anzahl
denkbarer Kombinationen
einzufangen mit Blicken
fein tariertem Gehör
Scharfsinn oder Lust

W O R T E

Warten

Dieses Verb verdient
gerügt und in
seine Schranken
gewiesen zu werden
denn was hat es
zu suchen wo wir
endlich zu Potte
kommen wollen

WARTEN

Es wird gehasst beschimpft
ausgestoßen gemobbt und
unschuldigen Personen
in die Schuhe geschoben
Wir dürfen es bestenfalls
in die Tasche stecken
als Spottgeschenk für
unsere Qual

Bangen

Weiche Kussmäuler
voller Versprechungen
Anschmiegsame
Schmusetiere oder
Menschenhappen
verschlingende Monster
mit aufgerissenen
Gierschlünden -

nicht zu wissen
was bleiben
an uns vorüber gehen
oder uns bedrohlich
anspringen wird

Sprichwortweisheit

Wer nicht kann wie er will
muss wollen wie er kann
Wer nicht weiß
was er wollen könnte
kann nicht können
was er können wollen sollte

Drum: Was er nicht weiß
macht ihn nicht heiß
ergo kann er es auch
gleich bleiben lassen

Zeit nimmersatt

Die Zeit, sie frisst
sich selber auf
und wird dabei
doch niemals satt.
Sie bleibt in
ihrem Zeitenlauf
leer wie ein
unbeschriebnes Blatt.

Wo bleibt die Zeit?
In unsern Falten
aus Leid und Freud -
Leihgabe nur
im Hier und Heut,
die wir auf Lebenszeit
gestalten, halten
und verwalten.

Sichtweisen

Blöd, stöhnt das Vorn vom Hemd,
mein Hinten ist mir fremd.
Ich kann mich noch so drehen
und krieg's doch nie zu sehen.

Der Schuh seufzt vor sich hin:
Ich bin ein Außendrin,
teils an der frischen Luft,
teils innen, wo es mufft.

Die Hose hört man klagen:
Zwei Beine, die mich tragen,
im Ansatz zwar gemeinsam
und dennoch jedes einsam ...

4. Herzzeitlose

Die Liebe

So versteckt in
jedem Blümchen
jedem Krümchen
feinstem Graszittern
kleinstem Buchstaben
den ein Mund in
dein Gesicht richtet

und du glaubst
man solle sie dir
auf einem goldenen
Tablett servieren

Du

Du mein zweites
Selbstverständnis:
Lehnen wir
aneinander
zu flüchtigem
Morgenkuss
weht zwischen uns
eine Atemsekunde
Fremdheit
und Wünschen
flammt auf als
stünde unser
plötzliches Ende
bevor

Unser Dorf

Hier verzaubert die
Nachtigall das Tagesende
macht aus
An-der-Welt-Zweiflern
sentimentale Träumer
In unserm stillen Dorf
hören wir
Klatschmohn klatschen
Ameisen zwitschern
Wolken schwimmen
Schmetterlinge schmettern
und die Glühwürmchen
flirten mit den Sternen

Enkel, Urenkel

Ihr Urvertrauen
ihre Glücksaugen
ihr sprachloses Staunen
ihr Lachgluckern
ihre Schlafgesichter
ihr Toben Zanken Plappern
erschütterndes Schluchzen -

mein Lebenselixier
dessen Namen
ich nirgendwo finde
außer in meiner
Liebe

Junges Herz

Du Herz betagt
doch töricht jung
schlägst heftig
bis zum Hals
beim Anblick
alter Liebe
die nichts ist
als Erinnerung
an einst
und allenfalls
ein Zweig
verdorrter Triebe

Nachtwanderung

Und es gab diesen Mond
viel besungene Alltagslaterne
die jeder kennt

Doch war mein
sehr junges Herz
in eine erregende Nacht
gefallen der Mond ein
geheimes Himmelsding
voll unbekanntem
Duft nach Acker
Weide Morgentaufrische
die Luft überwältigend still
in mondversilberter
Schlafenszeit

Und ich kleiner Mensch
an der Hand eines
Jungen der mich ebenso
furchtsam wie ihn das
Begehren ahnen ließ

Djembe

Das dumpfe Trommeln
der Djembe drängt
ihren Puls auf
entzieht unserem
Willen jegliche
Eigenregie wir
erliegen ihrem Bann
lustvolle Aufforderung
zum Tanz
der Gefühle

Auf den Leim

Wir können über Türme springen
und uns ins Universum schwingen,
wir überwinden Fegefeuer
und zähmen Riesenungeheuer,
erleben Liebes-Leidenschaften
und brauchen nicht dafür zu haften,
wir kämpfen ohne Schutz und Schild
und brüllen animalisch wild,
wir dürfen einfach alles wagen,
erfragen, tragen und bejagen -

in welches Wagnis wir auch spurten
in Nächten wilder Kopfgeburten:
Wir gehen Träumen auf den Leim
und kehren ohne Ernte heim.

Ansteckende Energie

So viel Glühen!
Als zweite Sonne
könnte ich die
Lethargie
der kompletten
Menschheit
in energetische
Schaffenskraft
verwandeln

Doch wer sonnt
sich schon gern in
Menschenstrahlen

Zwist

Ich lecke meine Wunden,
ich armer Hund
und fühle mich seit Stunden
der heilen Welt entschwunden,
im Innern wund.

Wo bleibt mein Quäntchen Liebe?
Ich seufze tief.
Mich schmerzen Seelenhiebe,
als ob mich Sand zerriebe,
mein Herz hängt schief.

Da ich ICH selber bleibe:
nur ruhig Blut.
Rückt mir auch Frust zuleibe,
sodass ich kläglich schreibe -
ich fasse Mut!

Melancholie

Regen fällt
in meine rechte
Herzkammer
Wind schüttelt
die linke
und überhaupt
bin ich meine
Allwetterstation
lese das Morgen
auf meinem
Stimmungsdiagramm
Prognose: weiterhin
unbeständig

5. Die Vögel wissen es zuerst

Omen

Die Vögel
wissen es zuerst
wenn Mond
und Sonne
erblinden
während wir
ihr Warnschweigen
verschlafen

Ungebremst

Ökonomisches Wachstum
will Wurzeln in den
Himmel schlagen
Ungebremst
verschlingt das Ungeheuer
SCHINDLUDER
Zauber und Reichtum
der Schöpfung
und als Kollateralschaden
unseren Verstand

Zeitmaß

Der weit gespannte Himmelsdom
beherbergt unter sich die Zeit.
Die Zeit, sie trägt viel Zeit im Kleid.
Uns tickt ihr Schritt als Metronom.

Der packt uns am Kragen,
wir rennen und jagen
und hasten und hetzen,
und hecheln und wetzen
im Taktmaß der Stunden,
Minuten, Sekunden.
Wir sind auf den Beinen:
Es will uns so scheinen,
die Zeit eilt voraus
und geht uns gleich aus!

Drum zeigt des Himmels Astronom
uns Eiligen mit stillen Sternen,
wie wir Entschleunigung erlernen.
Denn zeitlos fließt der Zeitenstrom.

Osterinsel

Zur Zeit der Hochkultur
sägten sich die Insulaner
ihre Sitzäste
unterm Hintern weg
Kahlschlag ließ keinen
Stamm am andern

Woraus Boote bauen
Zäune Tische Häuser
womit Feuer speisen

Krieg fraß Kultur
Krankheit fraß Leben
Mensch fraß Natur

Verschwörer verbreiten
wir Heutigen lebten längst
selbst auf jener Insel

Vernetzt

Das Reich der Spinne ist gigantisch.
Die Fäden langen
von national bis transatlantisch.
Wir sind gefangen,
weltweit verknotet und verkabelt
in Netzgeflechte,
ganz unfreiwillig angenabelt
an fremde Mächte.

Das All sieht, wem wir alles taugen,
wir sind erfasst,
sprich: Gott bekam Millionen Augen
von uns verpasst.
Womöglich setzt er sich zur Ruhe,
denn ihm geht's schlecht.
Er schiebt uns Arglist in die Schuhe,
wohl ganz zu Recht ...

Kinder der Stadt

Unverstellt ihr Blick
unversehrt ihre
Hörfähigkeit
noch vor uns
aufgeschreckt
wenn sich Notsignale
unseres Naturdoms
wie Stundengeläut
über die Stadt ergießen
als seien wir eingeladen
zu einem Trauerzug

Kindliche Perspektiven

Gänseblümchen lächeln
als kleine Sonnen
streicheln gerötete
Kinderwangen:
Nase Dreiviertelmeter
überm Erdboden

Stadtstaub Beton Kippengift
Hundekot Abgaswolken
verpesten kindlichen
Lebensappetit:
Nase Dreiviertelmeter
überm Erdboden

Auf dem Kopf

Das Weltbild
steht kopf
Antipoden
fremder Nationen
ihr seht unser
Erdgeschehen
verkehrt herum
Aber gut so!
Dann ergießen sich
Egoismus Machtgier
Eitelkeit Hass
ungehindert aus euren
Schädelöffnungen
in die Schwarzen
Löcher des Alls

Virtuelle Welt

Mit elektronischen
Siebenmeilenstiefeln
durchdringt die
virtuelle Welt
unsere Lebensgrundlagen
zu unserem Wohl
zu unserem Verderben

Die Legende von
freigeistigem Handeln
und individueller
Unabhängigkeit
verhökern wir oft
dem Pfandhaus

Wie haben wir jemals
existieren können
ohne http/:/www @
& globales Tippitappitu

Boykott

Eine alte Schachtel bin ich
mit dem Sturschädel
einer Drahteselin

Staubt mich nur ab
als antiquiertes
Raritätenexemplar

das kleine rechteckige
Ablenkspielzeug
bleibt weitgehend
kaltgestellt

Nachrichten

Wer nennt die Namen
der Friedensstifter
Tröster Schutzengel
Freunde Retter
welche Notständen
Ungerechtigkeit
globalem Chaos
die Stirn bieten?

Widmet wenigstens
EINEM dieser
Unerschrockenen
täglich die fetteste
Schlagzeile auf
Seite eins!

Schönheit

Leute Augen auf
und raus aus
Schneckenhäusern
Streichholzschachteln
Schnarchkojen:

Durchschwimmt die
Anwesenheit der
SCHÖNHEIT
von
Ahornblatt
Regenbogen
Rosenblüte
Goldkäfer
Horizont
Milchstraße
nicht länger als

GROTTENMOLCHE!

Enthedderung

Verknorpelte Gedanken
zum Beispiel meine Sorgen
hänge ich in den Apfelbaum
gehe ihnen aus dem Weg

Lassen sie sich fallen
schaue ich ob sie
inzwischen
kompostier- oder
regenerierbar sind

6. Schatten werfen ihre Angeln

Dämmerung
an der Schlei

Schatten werfen
ihre Angeln
über die Schlei
Raschelnd neigt sich
im Schilfband
der Tag

Des anderen Ufers
Scherenschnitt
schickt illuminierende
Orientierungspunkte

In der Weite vibriert
der Rohrdommelruf -
Liebesgesang oder Klage?

Ein Mann steht
auf seinem Boot
schwarzstählern
gegossen
wie aus Nacht

Frost

Nun gräbt sich der Frost
in Mulch und Kompost
zu Winterverstecken
von Würmern und Schnecken.
Dem Igel wird's eisig
im schützenden Reisig.

Der reglose Wald
hat klaglos und kalt
die Kleider verloren.
Die Krähenschar schwirrt.
Der Eiszapfen klirrt.
Am Baum, halb erfroren,
übt letztes Gezappel
das Blatt einer Pappel.

Der Teich summt erstarrt.
Auf Gräsern sitzt zart
des Raureifs Glasur.
Im Schnee die Gravur
einer Spur silberweiß
aus Eis.

Frühlings grünes Band

Ein feiner Hauch
schwebt durch das Land
im hohen Norden.
Ist denn des Frühlings
blaues Band
grasgrün geworden?

Der Frühling ist
wohl farbenblind,
womöglich blau?
Das sieht doch
wirklich jedes Kind:
Er trägt nur
Grün zur Schau!

Entgegen

Arme ausbreiten
Sinne öffnen
im ergrünenden Feld
dem Streichelkonzert
lauer Aprilwinde
entgegenfliegen
schlaftrunknem Frühjahr
Einlass gewähren
in die Sehnsucht

nach Warmwerden
nach Licht
nach Erwachen

Spätsommer

Tageszufälligkeiten
erteile ich eine Absage
erwidere
leidenschaftlichen Kuss
glühenden Spätsommers
Lasse mich
von Wildgeruch
und Vogelfreiheit
aus dem Korsett
inneren Zögerns
befreien

Froschbalz

Es quakt und blakt
im Froschrevier
jetzt reichlich aufgeblasen.
Es schnarrt und quarrt -
dem Froschgetier
spukt etwas in den Nasen.

Die Sänger am Teich,
sie singen zugleich,
nicht schön, aber laut
für ihre Braut.

Ein Kerl bläkt sich heiser,
die Fröschin hört zu.
Jetzt kräht er viel leiser -
nun sagen sie DU.

Noor-Pathetique

Windebyer Wind webt
vergehendes Licht in
Eichenpappelulmenlaub
ersetzt es durch
schattiges Schlafgrün
Von herabfransenden Wolken
dem Spiegel des
glattgrauen Noors aufgemalt:
Gedimmter Sonntag
in Abenddämmerstimmungslicht
mit Tagesabschiedsgesängen
von Amseldrosselfinkundstar

Ich geh im Walde

Ich geh im Walde
so für mich hin,
seh eine Halde
mit Abfall drin.

Am Weg ein Sack
randvoll mit Dreck -
welch freches Pack
macht das nicht weg?

Und zwischen Buchen
ein Haufen Schrott!
Ich möchte fluchen,
doch das hört Gott.

So manche Leute
sind ziemlich dreist
nicht erst seit heute,
schon allermeist.

Ich geh im Walde
so für mich hin,
Natur zu suchen,
das ist mein Sinn.

Schlei, Große Breite

Glatt liegt die Breite
und groß die Bucht
Luftfunken beflimmern
den gleißenden Spiegel
In meinen Mittag fällt Stille
Möwenköpfe verstöpseln
sich unter Flügeln
Ein Wolkentier flieht
übers reglose Gewässer

Ich schrecke auf -
das Leben lärmt weiter
warm bleibt die Grasmulde
in der ich eingenickt bin

Den Herbst pressen

Die kleinen
Wirbelscharen
mit den Händen
haschen einfangen
zwischen schwere
Buchseiten sperren
An einsamen Tagen
ihr Gold und Rot
aufschlagen
und in Blättern
blättern

Sturm in Windeby

Brüllende Windstöße
zerren nacktes Geäst
als gäb's da was zu holen
rasen mit Anlauf näher
Donnernde Endloszüge
verjagen Mülltonnen
Astgabeln Dachziegel
von angestammten Plätzen

Öffnest du deine Haustür
verlierst du die Hoheit
über dein Obdach
dein Rock tanzt Tarantalla
und Nachbars Katze
fegt's dir in die
Vorratskammer

7. Jahreszeitenkanon

Neujahrsmorgen

Ist etwas anders diesen Morgen?
Ich schau im Nachtgewand hinaus.
So hell, so leis ...
Wie spät? Was soll ich heut besorgen?
Ach, keiner muss ja aus dem Haus,
ich weiß, ich weiß.

Der Tag ist klar, der Schnee getaut.
Das alte Jahr vertrieben wir
um Mitternacht.
Der Lärm, er war der Nacht zu laut -
sie hat sich wie ein stilles Tier
davongemacht.

Kommt sie zurück zu uns wie immer?
Wagt sie den Schritt ins neue Jahr?
Der Tag, er tut's!
Er leuchtet mir erneut ins Zimmer
so zuverlässig wie er stetig war,
voll frischen Muts.

Was fange ich da an zu spinnen ...
Ich öffne meinen klaren Blick
dem jungen Jahr,
begrüße es mit allen Sinnen,
ergebe mich in sein Geschick
mit Haut und Haar.

Ich atme ruhig ein und aus,
mich mit dem Neuen aufzutanken.
Und nun wird's Zeit,
(im Rückblick und schon im Voraus)
dem Schöpfer für mein Sein zu danken -
ich bin bereit!

Januar

Weiße Pracht
bleibt in diesen Zeiten
besungener Mythos:
Kristallenes Filigran
von spitzen Fingern
des Frosts hingemalt
auf Milchglas -
du findest es im
Exil der Eiskönigin

Der Winter ist
ausgewandert
Zaubernuss und Jasmin
stellen erstes Gold
ins Licht der Winterbühne
Meisen und Buchfinken
streiten bereits
um beste Wohnlagen

Februar

Zementschwer
fliehen Eiswolken
um ihre Fracht
zu entladen über
fernerem Norden

Zu uns macht sich
Februar auf die Socken
schleicht sich ein
in die Proben
zur Uraufführung
des März

Märzlied

Im Märzen der Bauer
den Traktor anspannt
brache Ackerkrume
zu wälzen

Doch dieser März stiehlt
dem Frühlingsblütenrausch
mit Narzissengala
und Tulpenmaskerade
vorwitzig die Schau

Nächtlicher Schock:
Des Raureifs Decke
ist nicht zum Wärmen

Frühlingsauftakt

Dieser Frühlingsauftakt
ähnelt abgenutztem
November scheint
zurückzufallen in
Brachdämmer
Während wir noch
schwunglos die Kulissen
unserer Zimmerwände
warmwohnen
wispert es unterirdisch:
Aufgereckt Keimlinge
die Jahreszeitenuhr
ruft ans Licht!

April April

Du traust dich was
verschüttest Eisperlen
über des Frühlings
fragiler Blütenstickerei
verschwendest
Hagel und Wolkenbruch
stiehlst dem Herbst
seine besten Stürme
versprichst das Bunte
vom Himmel
und lässt den Vorhang
der Vorstellung
abrupt fallen

Maiglöckchen

Regen im Mai
April vorbei
winzige Kelche
weiße Laternchen

Ihr feines Läuten
vernehmen Elfen
Fledermäuse
Träumende

Giftiges Rot
der Früchte
hält ruppiges
Zwergengesindel
fern

Juni

Bis in die Puppen
hält der Juni seine
Gardinen offen
Unverdrossen
intoniert die Singdrossel
ihr Serenadenkonzert
lange noch nachdem
der Himmel sein
vergoldetes Fenster
geschlossen hat

Mittsommer

Noch spielt er Versteck
unter Himbeerhecken
Folge seiner Leuchtspur
Gelb Orange Violett
über Wildwiesen
durch Gartenreiche

In Signalfarben
getunkte Balkonblüten
eilen dem Sommer voraus
winken hoheitsvoll
von oben herab

Du findest den Vogel
im Gebüsch
der nur zu
Mittsommer singt

August

Der August
macht der Sonne
schöne Augen
Mückenschwärme
betanzen ihre Strahlen

Unbegrenzt das Meer
azurblauen Himmels
Wolkenscharen
hat er in Quaratäne
geschickt um zu prahlen
mit der Unbefleckheit
seiner Weite

September-Souveniers

Der September
verschenkt seine Souveniers
großzügig aus dem Vollen
glänzende Schmuckstücke
für braune Männchen
mit Streichholzbeinen
klockernde Ketten
den Hälsen der Kinder
und Festmahl dem Wild

In meiner Faust
Kühle und Glanz -
energetische Impulse
aus Saft und Kraft
eines großen Baums

Oktober

Sommer alter Weiber
zeigt Abschiedsmilde
kehrt letzte Oktobertage
in welkende Rosenhecken
räumt Himmelsfelder
tanzenden Wirbelschwänzen
die dem Wind gehorchen
Im Gras verendende Früchte -
Gnadenbrot für Insekten

Über allem Duft
süßer Fäulnis

November

Der Efeu efeut vor sich hin
und denkt nicht dran zu scheiden.
Er sagt, ich bleibe, wie ich bin,
kann Kahlsein nicht so leiden.

Die Eiche reckt ihr blankes Holz,
man sieht's in schönster Klarheit.
Sie trägt kein Kleid, doch trägt sie stolz
zur Schau die nackte Wahrheit.

Nikolaus

Drei Jahrhunderte nach
Christi Geburt lebte er
Heiliger Saint Nicolaus
türkischer Bischof von Myra
Retter und Menschenfreund:

Goldene Münzen
warf er in einen Brunnen
an dessen Rand
eine Mutter armselige
Kindersocken trocknete
So vergoldete er ihren
Töchtern den Lebensweg

Noch heute rufen
(meist rote) Socken nach ihm
Sein Weg aus Myra
ist ihm auch in diesem
Jahr nicht zu weit

Es weihnachtet

Ob wir uns diesmal froh besinnen,
Zitrone für die Plätzchen reiben,
ganz stressgelöst im Zimmer drinnen
Postkarten voller Engel schreiben
entfernt von Lärm und lautem Treiben?

Dort draußen in der Metropole
gibt's keinen stillen Weihnachtsbummel.
Mit schrillen Tönen und Gejohle
beschallt uns grell der
Weihnachtsrummel,
auf dass uns gleich der Teufel hole.

Nein. Freude kehre in die Herzen!
Jetzt reden wir nicht von den schlimmen
Weltuntergängen, Sorgen, Schmerzen,
die uns ja doch nur traurig stimmen:
Es weihnachtet, wir lachen, scherzen!

Die Weihnachtszeit wird schnell
verrinnen,
das Jahr legt ab sein altes Kleid.
Die Alten schauen, ob es schneit.
Sie können sich noch drauf besinnen:
Einst war die Weihnacht weiße Zeit.

Fang Neues an

Die Zeit verleiht uns tausend Stunden,
stillt Leid und Schmerz, ist Elixier -
vermittelt Trost, heilt tiefe Wunden.
Halt mit ihr Schritt, vertraue ihr
so wie du dir.

Sie weiß, was müde Sinne stärkt.
Und eines Tages raunt die Zeit
dezent und fast wie unbemerkt:
Fang Neues an, Vergangenheit
dein altes Kleid!

Friedensbotschaft

Ich zeichne einen Vogel
unter die Wolken
denn der Wind ist stumm
will nicht fliegen
nichts tragen
Doch die Taube
als Botschafterin
kennt ihre Weisung
und den Weg
zu deinem Haus

8. In höheren Sphären

Klänge

Klänge bewohnen
als tönende
Farbfiguren
Raum und Zeit
(sofern sie jemand
erweckt zum Leben)
In grenzenlosen
Weiten entschweben
nicht fassbare
Amplituden
verlieren sich
in den Sternen

Zwischenmeer

Ich schwimme
im Zwischenmeer
aufgeworfener Wünsche
Weihnachtskarpfen
badewannengefangen
erschnappe nichts
als Luftblasen

Erfüllung raffiniert
versteckt zwischen
den Zeilen
der Tagesstunden

Vertrautes

Könnte sein
dass dich heute ein
Wetterereignis verweht
ich kein Detail
von dir zu fassen kriege
du einverleibte
GEWOHNHEIT
vertraute Wunderwurzel
in mir

Abschwirren

Hörig bist du diesen
zierlichen Strichen
die zwölf Zahlen
gefangen halten
folgst mit fickrigem
Blinzeln dem
Sekundenmarathon
des Springteufelchens

Schon wieder
schon wieder

lauerst auf Abschwirren
in erwartetes Vorhaben
aber weißt gar keins

Ausgepowert

Alle Luft raus
Speichen knarren
Profil abgeschrappt -
ich stelze auf
dem Zahnfleisch
Leise zischeln die Ventile:
Tragt mich
über Stock und Stress
Dann kreiere ich euch
bald wieder folgsam
euer Wunschmenü

Fragen

Fragen besuchen mich
unaufgefordert
dringen sie ein in
meinen Leib wollen
mich antwortlos in
Verlegenheit bringen
mir die Seele
in Unruhe
Jenen Leib jene
Seele die sich der
Irritation glühend
pulsierenden Lebens und
passionierter Liebe
verschrieben hatten

Moll

Wer sagt denn
Moll sei schwer
an Tagen wenn
du trüb und sehr
getragen schreitest
einhin einher
tust nichts Gescheites
und kommst dir vor
als Trauerflor

Moll streift dein Herz
warmstreichelzart:
Melancholie
der schönsten Art

Klangschale

Zarter Anstoss
entfaltet raumfüllende
Schwingungen
tönender Lieblichkeit
erstirbt als dünnes
Fädchen Klang
schwingt weiter in der
Stille des Ohrs

Unentschlossen

Die Wenns und die Abers
überfallen mich rowdyhaft
Wehre ich mich
drohen sie mit Verstärkung
durch die Jedochs
und Allerdings'

Es reicht!
Ich erteile dieser Bande
Hausverbot

Und nun wandere ich los
den Regenbogen
zu besteigen

Aufpolieren

Dieses obligatorisch
notorische Aufpolieren
Neufrisieren ermüdender
Wiederholungsrituale
macht einen geschliffenen
Menschen aus mir -

einen abgeschliffenen

Zoff

Duell zuckender Blitze
zwei aufeinander
prallender Irispaare:

aus Pupillentunneln
vulkanisch knisternde Glut
Funken sprühender Unmut
Windstärke zwölf
Erdbeben

Pffffff durchatmen
Verstand zurechtrücken

9. Menschen wie ich du er sie es

Wenn ich

Wenn ich mir
irgendwann irgendwo
als Fremder begegnete
mich unvoreingenommen
betrachtete:
Würde ich
weitergehen wollen
oder neugierig auf
meine Bekanntschaft
vor mir stehen bleiben?

Sichtweisen

Gekenterter Mond
bricht sich die Kante
am Rückgrat
einer Nachtwolke
Oder ist es umgekehrt
die Nachtwolke
krümmt sich unterm
schneidend scharfen
Sichelrand

Immer wieder
diese Streitpunkte
die uns annehmen lassen
du und ich
sähen nicht ein
und dasselbe Bild

Meine Arche

Schon längst
finden sich auf
meiner Arche
du und du und
auch du

Die Rettungsringe
habt ihr zurück
geworfen ins
aufgepeitschte Meer
An meinem Tisch
erwarten euch
eine Schale voll
Verstehen
ein Bett voll
Warmwerden

den leer getrunknen Krug
füllt ihr mit Vergessen

Wir sind nun einmal so

Ich bin nun einmal so.
Ein Einzelexemplar.
So sprunghaft wie ein Floh,
ganz unverwechselbar.

Auch du bist nun mal so.
Ein Individuum,
stiller Hallotiro,
doch stolz und voller Mumm.

Wir sind sehr unterschiedlich
auf divergenten Plätzen
und einen uns doch friedlich
bei allen Gegensätzen.

Wir sind zwei Pole. Ferne.
Uns eint der Magnetismus.
Und unsre Heimlichsterne
sind unser Katechismus.

Scheint uns der volle Mond,
nimmt er die Ferne fort.
Denn unser Blick bewohnt
gemeinsam diesen Ort.

Kaleidoskop
(Meine Kochendorfer
Kulturleute)

Wir sind viele Bunte
Schwarm Vögel
tragen uns zusammen
und was Geist und Sinnen
den Adrenalintank füllt

Flattern auseinander
in fröhlicher Sattheit
nehmen jeder ein Stück
Gemeinsamkeit mit
nach Hause lassen
auf Ideenbeeten
neue Saat keimen
und beobachten
ihr Reifen

Tanzen

Nie gab es Einen
der mit mir tanzen
wollte kein Erbarmen
mit meiner Lust
mein Fleisch
durchzurütteln
im Takt rotierend
Grund und Boden
und jegliches Zeitgfühl
zu zerstampfen

Allein gelassen
werden Körper schwer
Beine Steine
Wille träge
und die Musik bleibt
im Kasten

Intellektuell

He Taucher
in die Tiefen
womöglichen
Daseinsursprungs
Verblüfft messe ich
meine profane
Lebensneugier
an deinen Hypothesen
philosophierender
Wurzelgräber

Bodenständig
beatme ich mich mit
demselben Sauerstoff
wie dem deinen
und meine Haut
überrieselt
das Hier und Jetzt
als vollendetes Geschenk für
kleine Menschenwesen

Anders

Du Andere
ich lausche dem Klangbild
deiner Sprache
schnuppere den Geruch
deiner Aura

Unbefangen sprichst du
mir aus deiner Welt
Worte deren Schlichtheit
verblüffen

Ich fühle
meine Zunge
verknotet

Was ich nicht weiß

Was ich nicht weiß,
macht mich nicht heiß ...
Was wir nicht sehen,
kann nicht geschehen ...
Was wir nicht hören,
kann uns nicht stören ...

Nur was wir spüren,
kann uns verführen,
nur was wir schauen
verschafft Vertrauen,
nur was ich weiß,
macht mich auch heiß ...

Nachdenken

Bisweilen kommt man an den Punkt,
da Altbewährtes kaum mehr funkt.
Symbiotisches entzieht sich scheinbar,
das WIR scheint weniger vereinbar.

Wie viele Fragen stehen offen?
Die Zeit verrinnt. Was bleibt, ist Hoffen.
Das Kontra unserer Gedanken
lässt Zuversicht und Klarsicht wanken.

Wir träumen von vergangnen Orten,
wir sehnen uns nach alten Worten
und warmen, nicht so fernen kühlen
Gefühlen ...

Wartebank

Baufällige Knie
zerschlissene Leibeshülle
verfilzte Ohren
welkende Worte -
wir spähen aus
nach dem Wolkentor
der Endlichkeit

Zu schnell überzieht die
Patina Vergänglichkeit
unsere Wartebank
vor der Tür

Gute Vorsätze

Noch einmal
auf den Schwingen
zügellosen Winds zu
frisch gebackenen
Luftschlössern reiten
im Schlaraffenland
verheißungsvoller
Möglichkeiten
unverbrauchten
Antworten
unbenutzte Fragen
pflücken

Pandemie

Notruf, der uns vereint:
Ein unsichtbarer Feind,
der sich global vermehrt,
und nicht so schnell verjährt!
Er tobt rund um die Erde,
holt manches Lamm der Herde.
Seid kollektiv bereit
zu größter Achtsamkeit!

Wenn wir die Stadt durchwandern,
dann schaun wir auf die andern.
Sehr lästig im Gesicht
ist strikte Maskenpflicht.
Notwendig, ja, und wem
ist das schon angenehm ...
Das Trauma ist kein Traum!
Wir schaffen es sonst kaum,
die unheilvollen Viren
als Feind zu liquidieren.

Doch wenn auch mancher denkt,
sein Recht wird eingeschränkt,
Maßnahmen sind nicht schlüssig
und völlig überflüssig,
drum wird es gar nichts nützen,
sich, damit euch, zu schützen -
dann frag ich, was wohl bliebe
gelebter Nächstenliebe ...

Wir

Wir sind ein großes Wir
Bienenvolk,
Ameisenstaat
uns gegenseitig
lausende Affengeschöpfe
in der großen
und wunderbaren
uns zur Verfügung
gestellten Welt
Was knöttern und
schimpfen und klagen
wir anstatt
all unsere Sinne
bereitzuhalten
für das großartigste
Geschenk:

Unser Leben

Schluss mit Dank

Was habe ich der Welt Gutes zufügen können,
wen mit meiner Liebe und Fürsorge erreicht,
wem zu verdanken, dass ich mir einen Lebensort
ganz nach meinen Ideen und Wünschen schaffen durfte,
mit Menschen, die ich nicht missen möchte ...

Wem von ihnen habe ich unrecht getan,
wen in seiner Not nicht rechtzeitig verstanden,
wem aus Feigheit oder Unwissenheit nicht geholfen
Fragen, Fragen ...

Im Winter meines Daseins überwältigt mich Dank,
dass ich Ich sein darf und nie allein gelassen wurde
von meiner großen Familie, die ich liebe.

Inhalt/Seite

Edition Gegenwind
Unter dem Label Edition Gegenwind erscheinen seit 2010 vor allem
Neuausgaben früher veröffentlichter Bücher, aber auch Originalausgaben
anerkannter Autor/innen und Illustrator/innen im Book-on-Demand-
Verfahren als gedruckte Buchausgabe oder/und E-Book. Ihre Herstellung
erfolgt über Self-Publishing-Plattformen wie **Books on Demand,
CreateSpace, epubli und neobooks**.

Bislang sind in der **Edition Gegenwind** 69 Titel (Stand: Oktober 2020)
in den Reihen **Belletristik, Lyrik, Kinder- und Jugendbuch** sowie
Sachbuch erschienen.

BELLETRISTIK

Gabriele Beyerlein
• **Die Göttin im Stein.** Steinzeit-Roman. 2013
• **In Berlin vielleicht.** Historischer Roman. 2013
• **Berlin, Bülowstraße 80 a.** Historischer Roman. 2014
• **Es war in Berlin.** Historischer Roman. 2015

Thomas Fuchs:
• **Malcolm Das Lächeln Afrikas.** Roman. 2012
• **Bj. 66, männlich, renovierungsbedürftig.** Roman. 2013
• **Allein mitFrau von Schal.** Roman. 2013
• **Da war ich schon tot.** Kriminalroman. 2018

Ulrich Karger
• **Herr Wolf kam nie nach Berchtesgaden.** Gedankenspiel in Wort und
  Bild. Zusammen mit Peter Karger. 2012
• **Kindskopf - eine Heimsuchung.** Novelle. 2012
• **Verquer.** Roman-Collage. 2013
• **Vom Uhrsprung und anderen Merkwürdigkeiten.**
  Moderne Märchen und Parabeln. 2015
• **Homer: Die Odyssee.** Vollständige Nacherzählung der griechischen
  Heldensage, 2015

Manfred Schlüter
- **Das Perpezudum oder Wie der alte Morawitz das Perpetuum mobile erfand.** Erzählung. 2013

Ella Theiss
- **Die Spucke des Teufels.** Historischer Kriminalroman. 2019
- **Alles kurz und klein.** Kurzkrimis. 2019

LYRIK

Christa Zeuch:
- **Worte, schwarz und weiß geflügelt.** Lyrik. 2016
- **Leise Wortlaute.** Lyrik. 2017
- **Zeitenkanon.** Lyrik. 2021

<u>**Das komplette Programm aller EG-Autor/innen und Illustrator/innen:**</u> Gabriele Beyerlein, Dagmar Chidolue, Ursula Flacke, Thomas Fuchs, Ulrich Karger, Manfred Schlüter, Pete Smith, Sylvia Schopf, Ella Theiss und Christa Zeuch ist mit ausführlichen Hinweisen und Kurzinhalten unter **www.edition-gegenwind.de** aufgelistet. <u>**Alle Titel auch als E-Books.**</u>

Der Frosch hat einen Frosch im Hals

In diesem frech und wortwitzig gereimten Tier-ABC überrascht die Autorin mit Unbekanntem über bekannte Tiere vom Affen bis zur Zikade. Man begegnet aber auch seltenen Spezies wie Computermaus, Nacktfrosch, Wetterhahn, Rollmops, Wollmaus und Gummibärchen ...

Zum Vor- und Selberlesen für Kinder ab 6 Jahren, Eltern, Großeltern, Onkel, Tanten, Lehrer, Erzieher und allerbeste Freunde.

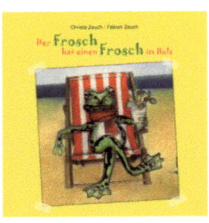

Der Frosch hat einen Frosch im Hals - die CD!

Die CD zum Buch mit 50 ausgewählten Gedichten humorvoll vorgetragen von Christa Zeuch und Sohn Fabian. Mit Musik und Geräuschen von Fabian Zeuch.

Mein Zauberschloss hat viele Türen

20 Räume mit einer Vielzahl von Themen lüften in diesem Zauberschloss ihre Geheimnisse. Sie entführen Kinder ebenso wie Erwachsene in eine Welt spaßiger, überraschender, stiller, schriller, nachdenklicher oder verträumter Gedichte. Wortspielerisch geht es um Bewältigung von Ängsten oder Wut, um Mutigsein und Freundschaft, Familie, Tierisches, Nonsense und Poesie zum Träumen.

Für Reime-Liebhaber von 6 - 106 Jahren

Worte, schwarz und weiß geflügelt

88 Gedankensplitter, Assoziationen, Stoßseufzer, Glücksmomente und Reimexperimente: Die in diesem Buch versammtelten Gedichte für Erwachsene erfassen spontane Momentaufnahmen und erlauben in ihrer Kürze Wortgefüge, die auf der Zunge zergehen wie Pralinés.

Leise Wortlaute

Gedichte sind Momentaufnahmen und Schnappschüsse, geben in ihrer Kürze Eindrücke und Gefühle wieder und haben den Vorteil, dass man sie immer wieder schnell mal lesen kann. Tiefschürfend, spöttelnd, grüblerisch oder wortwitzig - in ungereimten und gereimten Texten bietet Christa Zeuch in jeder Hinsicht unterhaltsame Ansichten, Einsichten und Aussichten.

Christa Zeuchs umfangreiches **Kinder- und Jugendbuch- programm aller Verlage** mit lieferbaren (sowie vergriffenen noch im Antiquariat z. B. bei Medimpos/Amazon erhältlichen) Titeln unter **www.christazeuch.de**